Bibliografische Information der Deutschen Nationalbibliothek:

Die Deutsche Bibliothek verzeichnet diese Publikation in der Deutschen National-
bibliografie; detaillierte bibliografische Daten sind im Internet über http://dnb.d-
nb.de/ abrufbar.

Impressum:

Copyright © 2016 GRIN Verlag, Open Publishing GmbH
Druck und Bindung: Books on Demand GmbH, Norderstedt Germany
ISBN: 9783668579019

Dieses Buch bei GRIN:

http://www.grin.com/de/e-book/379454/ziele-der-materialwirtschaft-logistik-und-
produktionswirtschaft-leistungstypen

Frank Neumann

Ziele der Materialwirtschaft, Logistik und Produktionswirtschaft. Leistungstypen und Produktionssystem

Betriebliche Wertscho pfung

GRIN Verlag

GRIN - Your knowledge has value

Der GRIN Verlag publiziert seit 1998 wissenschaftliche Arbeiten von Studenten, Hochschullehrern und anderen Akademikern als eBook und gedrucktes Buch. Die Verlagswebsite www.grin.com ist die ideale Plattform zur Veröffentlichung von Hausarbeiten, Abschlussarbeiten, wissenschaftlichen Aufsätzen, Dissertationen und Fachbüchern.

Besuchen Sie uns im Internet:

http://www.grin.com/

http://www.facebook.com/grincom

http://www.twitter.com/grin_com

Betriebliche Wertschöpfung

Einsendeaufgabe

abgegeben am 17. Juni 2016 im Prüfungssekretariat
SRH Fernhochschule Riedlingen

Modul: Betriebliche Wertschöpfung
Studiengang: Betriebswirtschaft und Management

von
Studiengang: Betriebswirtschaft und Management

Inhaltsverzeichnis

Abkürzungsverzeichnis

KVP = Kontinuierlicher Verbesserungsprozess

MIT = Massachusetts Institute of Technology

o.V. = ohne Verfasser

RFID = Radio Frequency Identification

ROI = Return of Investment

SCM = Supply Chain Management

TPS = Toyota Produktionssystem

TQM = Total Quality Management

TTIP = Transatlantic Trade and Investment Partnership

USA = United States of Amerika

Abbildungsverzeichnis

1. Materialwirtschaft und Logistik

In den vergangenen Jahren hat sich die Materialwirtschaft und Logistik stark verändert. Als nach dem zweiten Weltkrieg die Nachfrage an den Märkten größer als das Angebot war (Verkäufermarkt), spielten Kosten in der Produktion überwiegend noch keine Rolle. Einkauf und Lager wurden als reine Versorgungsstellen geführt. Als dann erste Sättigungstendenzen spürbar wurden, erhöhte sich maßgeblich der Wettbewerbsdruck. Die Veränderung des Konsumentenverhaltens führte von Großserienfertigungen zu individuellen Kundenprodukten und letztendlich zu einem Marktwandel, den wir heute als Käufermarkt wahrnehmen.[1] Die Lebensdauer vieler Produkte nimmt ab, gleichzeitig steigt die Variantenvielfalt von Produktgruppen. Materialwirtschaft ist an allen wesentlichen Wertschöpfungsprozessen in einem Unternehmen beteiligt und kann dadurch einen bedeutenden Beitrag leisten, umd die nötige Anpassungsfähigkeit und Flexibilität eines Unternehmens zu erreichen.[2]

Im Folgenden wird dazu in der Teilaufgabe A1 auf die wichtigsten Ziele der Materialwirtschaft und Logistik eingegangen. Des Weiteren werden Zielkonflikte zwischen der Materialwirtschaft und anderen Unternehmensbereichen beschrieben sowie mögliche Lösungsansätze aufgeführt.

1.1 Ziele der Materialwirtschaft und Logistik

Zunächst stellt sich die Frage, was unter den Begriffen der Materialwirtschaft und der Logistik genau zu verstehen ist. Dabei sind durchaus unterschiedliche Interpretationen dieser Begriffe möglich.

Materialwirtschaft steht für den wirtschaftlichen Umgang mit Materialien sowie die Materialversorgung in einem Unternehmen. Dabei ist die Beschaffung und Lagerung von Materialien besonders zu nennen. Die Beschaffung entspricht der klassischen Funktion des Einkaufs in einem Unternehmen. Dabei bezeichnet der Begriff ‚Einkauf' eine materialwirtschaftliche Hauptfunktion. Im Einzelnen ist hier die Marktforschung, Lieferantenauswahl, Preisverhandlung sowie der Angebotsvergleich zu nennen. Der innerbetriebliche Transport und die

---

[1] Vgl. Schulte, G.: 2001, S. 1f.
[2] Vgl. Kluck, D.: 2014, S. 7.

Materialplanung sind weitere Aufgabenbereiche der Materialwirtschaft. Insgesamt umfasst die Materialwirtschaft alle material- und informationsbezogenen Informationen in einem Unternehmen und somit den gesamten Materialfluss vom Lieferanten über das Unternehmen bis zum Kunden inklusive der Entsorgung.[3] In dem Zusammenhang ist unter dem Begriff ‚Logistik' die Planung, Disponierung und Steuerung von Materialien zu verstehen. Aufgaben der Logistik sind unter anderem Bestellabwicklungen, Eingangskontrollen sowie Steuerungs- und Planungsaufgaben im Beschaffungs-, Produktions- und Distributionsbereich. Insgesamt erstreckt sich die Logistik von der Materialbeschaffung über die Produktion bis zur Distribution und ist somit ein Teil der Materialwirtschaft.[4]

Die gesamten Aufgaben in der Materialwirtschaft ergeben sich aus der Forderung der sogenannten „6 R's"[5]: Das richtige Material in der richtigen Menge und richtigen Qualität zum richtigen Zeitpunkt an den richtigen Ort zu bringen. Für die genaue Planung, Steuerung und Kontrolle der Aufgaben werden hierzu materialwirtschaftliche und logistische Ziele festgelegt.[6] Als eines der wichtigsten Ziele ist hier die ständige Lieferbereitschaft zu nennen. Materialien werden dazu den Bedarfsträgern termin- und mengengerecht bereitgestellt. Ein wichtiger Wettbewerbsfaktor ist auch in der Qualität zu sehen. Heutzutage wird die Leistungsfähigkeit eines Unternehmens unter anderem an der Qualität seiner Produkte, Dienstleistungen und Informationen gemessen. Ein umfassendes Konzept zur ständigen Verbesserung des bestehenden Zustandes ist hier das Total Quality Management (TQM). TQM ist ein konstantes und umfassendes Planung-, Steuerungs- und Kontrollsystem, das durch seine Produktbezogenheit auf eine hohe Kundenzufriedenheit abzielt.[7] Ein weiteres Ziel ist auch die Erhöhung der Wettbewerbsfähigkeit durch die Vergabe der Fertigung an fremde Unternehmen im In- und Ausland. Eine solche verlängerte Werkbank und auch die Verringerung der Fertigungstiefe kann die Marktmacht eines Unternehmens deutlich stärken. Klassische Ziele, wie die Erzielung von günstigen

---

[3] Vgl. Kluck, D./ Prill, M./ Ornau, F.: 2014, S. 11ff.
[4] Vgl. Kluck, D./ Prill, M./ Ornau, F.: 2014, S. 12.
[5] Vgl. Kluck, D./ Prill, M./ Ornau, F.: 2014, S. 17.
[6] Vgl. Schulte, G.: 2001, S. 22.
[7] Vgl. Schulte, G.: 2001, S. 26.

Einstandspreisen und die Reduzierung von Lagerkosten mittels der Just-in-time-Beschaffung, sind ebenfalls noch abschließend zu nennen. Die Anforderungen und Aufgaben in der Materialwirtschaft ziehen sich wie ein roter Faden durch sämtliche Prozesse in einem Betrieb. Hierdurch entsteht eine Vielzahl an Schnittstellen, die zu möglichen Zielkonflikte führen.[8]

1.2 Zielkonflikte und Lösungsansätze

Typische Schnittstellen im betrieblichen Ablauf, die zu Interessenkonflikten führen, finden sich zwischen Einkauf und Lagerung, Einkauf und Disposition, Lager und Fertigung, Lieferant und Fertigung, Fertigung und Disposition sowie zwischen Vertrieb und Fertigung.[9] Die folgende Grafik verdeutlicht die Konflikte:

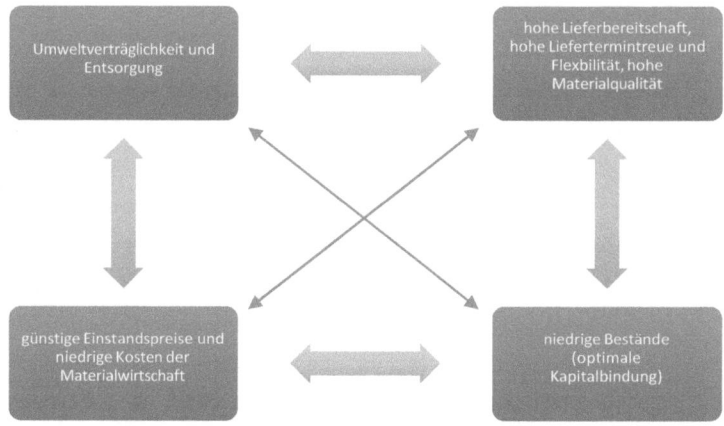

Abbildung 1: Zielkonflikte[10]

Eine hohe Lieferbereitschaft verringert Fehlmengenkosten und führt zu hohen Sicherheitsbeständen. Allerdings entstehen durch sie auch höhere Lagerkosten und Kapitalbindungskosten. Niedrige Einstandspreise werden i.d.R. durch große Einkaufsmengen erzielt. Jedoch führen auch höhere Einkaufsmengen zu höheren Kapitalbindungskosten. Die damit verbundene längere Lagerzeit kann

---

[8] Vgl. Kluck, D./ Prill, M./ Ornau, F.: 2014, S. 17.
[9] Vgl. Kluck, D./ Prill, M./ Ornau, F.: 2014, S. 17.
[10] Eigene Darstellung, in Anlehnung an Schulte, G.: 2001, S. 26.

sich auch negativ auf die Materialqualität auswirken. Verringert man die Einkaufsmengen, steigt wiederum die Anzahl der Bestellvorgänge. Außerdem führt eine zu geringe Lagerkapazität zu kurzen Reaktionszeiten auf Mengenänderungen. Ein weiterer Punkt ist die Umweltverträglichkeit, die sich oft konträr zu niedrigen Kosten verhält.[11] Insgesamt wird schnell ersichtlich, dass die genannten Ziele nicht vollständig und im Einklang miteinander umzusetzen sind. Es gibt hierzu jedoch einige Lösungsansätze, die nun aufgezeigt werden.

Eine Optimierungsmöglichkeit liegt in der logistischen Behandlung des Materials. Durch Outsourcing der Aufgabe zu Logistikdienstleistern kann eine Reduzierung der Lagerhaltung erreicht werden.[12] Diese Entwicklung ist z. B. vermehrt in der Automobilindustrie zu finden. Zulieferer entwickeln sogar Innovationen in Hinblick auf Materialien und Produkte, sodass das Unternehmen sich selbst auf seine Kernkompetenz konzentrieren kann.

Ein weiterer Ansatz zur Reduzierung der Lagerkosten ist die Just-in-Time-Belieferung. Die Ware wird genau zu dem Zeitpunkt geliefert, zu dem sie benötigt wird, sodass eine größere Flexibilität ermöglicht wird.

Ein System, das die Reduzierung der Lagerbestände, die Verkürzung der Lieferzeit, die Erhöhung der Lieferzuverlässigkeit und eine flexible Anpassung an Veränderungen von Markt- und Umweltbedingungen ermöglicht, ist das Supply Chain Management (SCM). SCM optimiert die gesamte Lieferkette vom Vorproduktlieferanten über den Endprodukthersteller bis zum Endverbraucher. Mit SCM werden Nachfragebedürfnisse erfüllt und ein effizienter Ressourceneinsatz erzielt. Insgesamt kann damit der Lagerbestand reduziert werden, der einen erheblichen Einfluss auf den RoI hat. Bei der Optimierung der Lieferkette ist auch noch der Einsatz der Radiowellentechnik zu nennen (RFID), die jederzeit exakt die Bestände erfasst und eine automatische Bestellung initiieren kann. Abschließend ist zu sagen, dass auch aufgrund der zunehmenden Vernetzung und Digitalisierung die Entwicklung der Materialwirtschaft noch lange nicht abgeschlossen ist.[13]

---

[11] Vgl. Schulte, G.: 2001, S. 35f.

[12] Vgl. Kluck, D./ Prill, M./ Ornau, F.: 2014, S. 25.

[13] Vgl. Meffert, H./Burmann, C./Kirchgeorg, M.: 2012, 579ff.

2. Global Sourcing

Die Materialwirtschaft wird auch zukünftig vor großen Herausforderungen stehen. Aktuelle Verhandlungen zum Freihandelsabkommen zwischen den USA und Europa (TTIP) sollen Zoll- und Handelsbarrieren beseitigen. Produktlebenszyklen, z.B. in der Unterhaltungs- und Kommunikationselektronik bei Smartphones, werden immer kürzer. Die Globalisierung des Wettbewerbs wirkt sich auch deutlich auf den Devisenmarkt aus. Dies sind nur einige Veränderungen, die zu Reaktionen der Marktwirtschaft führen. Hierzu lassen sich mehrere Erfolgsstrategien als Reaktion ableiten. Dennoch wird hier speziell die in Teilaufgabe A2 genannte Beschaffungsstrategie ‚Global Sourcing' näher beleuchtet. Ziel ist es, den Begriff ‚Global Sourcing' zu definieren und verschiedene Zielsetzungen zu beschreiben. Des Weiteren wird auf die Umsetzung von ‚Global Sourcing'-Strategien in Unternehmen eingegangen und die Fallstudie für die „Analyse und Optimierung eines weltweiten Lieferantennetzwerkes eines Unternehmens aus der Automobilindustrie" zusammengefasst.

2.1 Definition von Global Sourcing

Dem heutigen Kosten- und Wettbewerbsdruck kann sich ein modernes Einkaufsmanagement kaum entziehen. Die Globalisierung des Einkaufs und damit die Suche nach den weltweit günstigsten Lieferanten ist eine entscheidende Entwicklung. Dabei ist Global Sourcing nicht nur Aufgabe des Einkaufs, sondern betrifft die gesamte Unternehmenseinheit. Allerdings ist Global Sourcing auch mehr als nur die Suche nach dem günstigsten Lieferanten und ist ebenso kein alleinstehendes Merkmal für die Qualität einer globalen Marktstrategie.[14]

Hartmann definiert Global Sourcing wie folgt: „Global Sourcing ist eine Unternehmensstrategie, die von allen Unternehmensfunktionen getragen und gelebt werden muss und für die das Einkaufsmanagement zur zielführenden

---

[14] Vgl. Hartmann, H: 2014, S. 45.

Umsetzung die potenzialorientierten organisatorischen Rahmenbedingungen eines strategischen Einkaufs voraussetzen muss."[15]

Somit ist Global Sourcing eine Beschaffungsstrategie, die sämtliche global verfügbaren Lieferanten berücksichtigt. Dabei wird für jeden Produktionsstandort der optimale Lieferant in Bezug auf Kosten, Qualität und Lieferzeit herangezogen. Neben Global Sourcing sind als weitere Lieferantenstrategien Single, Dual, Multiple und Local Sourcing zu nennen, auf die jedoch nicht weiter eingegangen wird.[16]

2.2 Zielsetzungen und Strategien von Global Sourcing

Global Sourcing verfolgt verschiedene Zielsetzungen. Durch die Erschließung neuer Beschaffungsmärkte können neue Absatzmärkte generiert werden, da bei der Beschaffungsmarktforschung die Wertvorstellungen und Strukturgegebenheiten des Auslands erfasst werden. Gleichzeitig entsteht die Möglichkeit, neue Lieferquellen kennenzulernen und damit ein weltweites Lieferantenmanagement aufzubauen. Die Nutzung des dadurch weltweit entstehenden Lieferanten-Know-hows sowie die Nutzung von Technologie und Fortschritt aller Länder sind als weitere mögliche Zielsetzungen zu nennen. Ein weiteres wesentliches Ziel ist in der Materialkostensenkung zu sehen. Mit dem Bezug von Materialien aus Niedriglohnländer kann die Lohnstruktur und die damit verbundenen Preisvorteile genutzt werden. Durch Auslandsangebote wird der Wettbewerb unter den inländischen Wettbewerbern intensiviert. Insgesamt wird auch durch gemeinsames Auftreten aller verbundenen Produktionsunternehmen auf dem Weltmarkt eine Stärkung der Nachfragemacht erzielt und Materialkosten reduziert. Ein weiteres Ziel ist die Beseitigung bestehender Importbeschränkungen auf der Vertriebsseite. In einigen Ländern wird dies mit entsprechenden Einkaufstätigkeiten auf den Absatzmärkten kompensiert bzw. erreicht und gilt als Voraussetzung, um Fertigerzeugnisse und Ersatzteile verkaufen zu können.[17]

---

[15] Hartmann, H.: 2014, S. 45.
[16] Vgl. Wildemann, H.: 2006, S. 254.
[17] Vgl. Schulte, G.: 2001, S. 439f.

Anhand der hier beschriebenen Zielsetzungen wird deutlich, dass es keine allgemeingültige Strategie von Global Sourcing für alle Beschaffungsobjekte gibt. Es stellt sich vielmehr die Frage, wie eine erfolgreiche Strategie des Global Sourcing abgeleitet und letztlich als Prozess im Unternehmen umgesetzt werden kann. Die Implementierung erfordert von Unternehmen eine beachtliche Investition in personelle und sachlichen Ressourcen. Dies ist besonders bei der Erschließung von neuen Beschaffungsmärkten in den Emerging Markets der Fall.

Um eine erfolgreiche Strategie des Global Sourcing Strategie zu entwickeln, gilt es zunächst Antworten auf einige Fragestellungen zu finden. Unter anderem ist zu klären, welche Teile sich für eine solche Strategie eignen und wie hoch jeweils der Jahresbedarf derselben ist. Eine Marktanalyse von ausgewählten Märkten mit einem Vergleich von Lohnniveaus ist ebenfalls wichtig. Dabei können länderspezifische Rahmenbedingungen (politisch, kulturell und ökonomisch) erfasst werden. Eine Lieferantenanalyse, welche die Anforderungen an die Lieferanten, sowie die Lieferantenentwicklung prüft, ist zu implementieren. Das Risikomanagement prüft mögliche Risiken und Maßnahmen, um ersteren entgegenzuwirken. Die Gesamtkostenbetrachtung ist ein weiterer Punkt und letztendlich auch die Frage, ob sich eine Auftragsvergabe rechnet.

Die Informationsbasis zur Beantwortung dieser Fragen wird anhand der ABC-, XYZ- und/oder der Portfolio-Analyse ermittelt. Das Versorgungsrisiko von Beschaffungsobjekten und die beeinflussbaren Beschaffungsobjektkosten werden hiermit entsprechend analysiert. Das Ergebnis dient zur Planung und Umsetzung der strategischen Maßnahmen und Prozesse. In der Praxis wird oft am Standort des Lieferanten ein mit einheimischen Verhältnissen vertrautes Einkaufsbüro platziert und Personal entsprechend weiterqualifiziert.[18] Es ist zu bemerken, dass hohe Transaktionskosten bei den Beschaffungsquellen den Preisvorteil überkompensieren können. Eine zu starke Aufteilung der Beschaffungsquellen ist daher zu prüfen.[19]

---

[18] Vgl. Hartmann, H.: 2014, S. 46-54.
[19] Vgl. Wildemann, H.: 2006, S. 254.

2.3 Analyse und Optimierung eines weltweiten Lieferantennetzwerks

In der Fallstudie zur Analyse der Wirkungsrichtung von Global Sourcing in der Automobilindustrie wurde von Wildemann eine Vorgehensweise entwickelt, um zusätzliche Potenziale zu identifizieren. Dabei wurde der Fokus auf die Analyse und Optimierung eines weltweiten Lieferantennetzwerks gerichtet. Das Ziel der Analyse war es, vorhandene Potenziale in der Lieferantenstruktur zu erkennen. Dazu wurde der Pilotbereich auf den elektrischen Antriebstrang/Motorsteuerung festgelegt. Die dafür entwickelte Vorgehensweise gliedert sich wie folgt auf:

1. Analyse und Bewertung der Ausgangsituation: Um die erforderlichen Pilotsysteme zu definieren, wurde ein mehrstufiger Filter angelegt. Unterschiedliche Preise, Restlaufzeiten, Systeme und verschiedene Datenquellen der elektrischen Motorsteuerung führten zu der Differenzierung. Insgesamt kristallisierten sich fünf Systeme mit möglichem Optimierungspotenzial heraus.[20]

2. Analyse und Bewertung des bestehenden „Global Footprint": Für die fünf festgelegten Systeme wurde die Beschaffungssituation analysiert. Der Fokus lag hier auf der Preisstruktur, der Tier-Struktur und auf den bestehenden Global Footprints. Mit den gewonnenen Daten wurde dann ein entsprechendes Portfolio des Global Sourcing erstellt. Das Beschaffungsgüter- und Beschaffungsquellenportfolio wurde dazu modifiziert. Jetzt konnte ein Portfoliovergleich mit Soll- und Ist-Werten durchgeführt werden. Die hieraus ermittelten Ergebnisse stellten die Grundlage für die weitere Durchführung dar.[21]

3. Strategieworkshops mit ausgewählten Lieferanten: Anhand des Footprint-Portfolios wurde nun mit den Tier-1 Lieferanten Konzeptworkshops abgehalten. In einem zweitägigen Workshop wurden zuerst Potenziale und Ableitungen von Maßnahmen identifiziert. Anschließend erfolgte ein weiterer Workshop, in dem

---

[20] Vgl. Wildemann, H: 2006, S. 259f.
[21] Vgl. Wildemann, H: 2006, S. 260-263.

Einsparpotenziale qualifiziert und Umsetzungsstrategien festgelegt wurden. Insgesamt ergaben sich deutliche Preisreduzierungen.[22]

---

[22] Vgl. Wildemann, H: 2006, S. 262f.

3. Leistungstypen der Produktionswirtschaft

Bei dieser Teilaufgabe wird auf die sogenannten Leistungstypen der Produktion eingegangen. Diese Produktionsprozesse lassen sich anhand der Mengenleistung entsprechend klassifizieren, was durch die folgende Grafik dargestellt wird.[23] Neben den Kosten wird auch die Flexibilität näher beleuchtet und letztlich Beispiele aus der Unternehmenspraxis aufgezeigt.

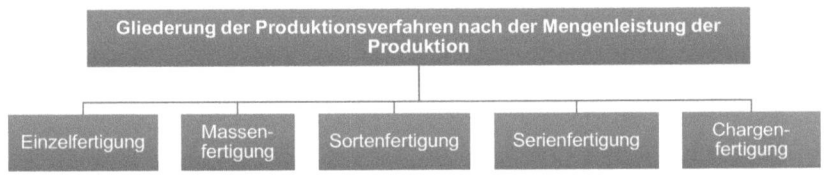

Abbildung 2: Leistungstypen der Produktion[24]

3.1 Einzelfertigung

Die Einzelfertigung ist i.d.R. eine Individualfertigung, d. h. eine Fertigung speziell nach Kundenwunsch. Im Extremfall ist nur eine einmalige Herstellung eines Erzeugnisses gefragt. Für jedes Produkt müssen individuelle Pläne angefertigt werden, was zu hohen Kosten führen kann.[25] Die Anforderungen an Transparenz und Koordination sind extrem hoch. Insgesamt ist die Einzelfertigung der kostenintensivste Leistungstyp. Aufwändige Fertigungsvorbereitungen können zu Planungsproblemen führen, da meistens ein hoher Komplexitätsgrad vorliegt. Nicht selten kann es zu Produktionsstaus kommen, welche sich wieder negativ auf die Kostenbelastung auswirken. Es wird ein hoher Flexibilitätsgrad gefordert. Der Fokus richtet sich bei der Einzelfertigung auf die Steigerung der Kontinuität. Gleichzeitig soll die benötigte Flexibilität jedoch erhalten bleiben.[26] Beispiele sind im Maschinenbau zu suchen. Unter anderem finden sich diese in der Fertigung

---

[23] Vgl. Ornau, F.: 2014, S. 40.
[24] Eigene Darstellung, in Anlehnung an Blohm, H.: 2008, S. 277ff.
[25] Vgl. Ornau, F.: 2014, S. 40.
[26] Vgl. Nebl, T.: 2007, S. 558f.

einer Großmaschine für den Schiffbau (Luxusschiff) oder eines Einkaufszentrums.[27]

3.2 Massenfertigung

Neben der Einzelfertigung ist die Massenfertigung eine weitere Extremform der Produktionsprozesse nach Mengenleistung. Hier wird im Extremfall auch die Herstellung eines Erzeugnisses praktiziert, jedoch in großen Mengen über eine längere Periode.

Meistens handelt es sich bei der Herstellung um eine Herstellung sehr homogener Produkte bzw. um die Fertigung eines Produkts. Oft ist auch Fließarbeit anzutreffen. Dadurch ist der mögliche Automatisierungsgrad sehr hoch, was sich wiederum positiv auf die Kosten auswirkt. Es fallen deutlich niedrigere Stückkosten an. Allerdings sind die Produktionsanlagen oft auf eine bestimmte Konstruktion ausgelegt.[28] Eine mögliche Umstellung ist dadurch sehr kostenintensiv und kann zu Produktions- und Qualitätsproblemen führen. Tendenziell liegt eher ein sehr starrer Produktionsapparat vor, wodurch die Flexibilität sehr eingeschränkt ist. Der Fokus der Massenfertigung wird in der Steigerung der Flexibilität bei gleichzeitigem hohen Kontinuitätsniveau gesehen.[29]

Der Produktionstyp ist in der Unternehmenspraxis oft bei der Herstellung von Konsumgütern anzutreffen. Denkbar ist die Fertigung von Tabakwaren, Batterien und Softgetränken.[30] Kali-, Wasser- und Elektrizitätswerke sind auch zu nennen.

3.3 Sortenfertigung

Nach den beiden Extremformen sind noch drei weitere Zwischenformen der Leistungstypen zu nennen. Davon ist ein Leistungstyp die Sortenfertigung, die als Variante der Massenfertigung zu sehen ist. Ähnlich wie bei der Massenfertigung werden Erzeugnisse in großen Mengen produziert. Allerdings

---

[27] Vgl. Ornau, F.: 2014, S. 89.
[28] Vgl. Ornau, F.: 2014, S. 40.
[29] Vgl. Nebl, T.: 2007, S. 560f.
[30] Vgl. Ornau, F.: 2014, S. 89.

wird nicht nur ein Erzeugnis, sondern fertigungstechnisch ähnliche Erzeugnisse (verschiedene Sorten) hergestellt. Bei einem Sortenwechsel wird der Produktionsprozess unterbrochen und die neuen Parameter müssen erst einmal implementiert werden. Die Kosten sind weiterhin niedrig, aber tendenziell etwas höher als bei der Massenfertigung, da bei der Umstellung der Produktion unter anderem Umrüstkosten anfallen. Dies macht sich auch in dem Problem zur Bestimmung der optimalen Losgröße bemerkbar. Mit Rationalisierungseffekten durch Normung und Standardisierung wird jedoch versucht, die Kosten zu reduzieren.[31]

Ein Vorteil gegenüber der Massenfertigung ist die Flexibilität. Durch die Umstellung kann nicht nur ein Produkt, sondern mehrere Variationen desselben hergestellt werden. Mögliche Beispiele aus der Praxis sind z. B. die Herstellung von Joghurt mit verschiedenen Geschmacksrichtungen oder von Bier in verschiedenen Flaschengrößen und Flaschenarten.[32]

3.4 Serienfertigung

Die zweite Zwischenform der Leistungstypen aus Abbildung 2 ist die Serienfertigung. Ebenso wie die Sortenfertigung ist die Serienfertigung eine weitere Variante der Massenfertigung. Anstatt große Mengen von ähnlichen Erzeugnissen zu produzieren, wird i.d.R. eine begrenzte Stückzahl von fertigungstechnisch identischen Erzeugnissen hergestellt. Die Spanne reicht dabei von Kleinserien bis hin zur Großserienfertigung.[33]

Sobald eine Bestellung oder ein Lagerauftrag der Serie hergestellt ist, wird der Produktionsprozess auf die andere Serie umdisponiert. Das bedeutet, dass eine Produktionsmaschine für unterschiedliche, jedoch verwandte Produkte eingesetzt wird. Denkbar ist dies z. B. in der Möbelindustrie. Nach der entsprechenden Fertigung (Serie) von Holztischen werden die Betriebsmittel auf die nächste Serie von Holzstühlen umgestellt.[34] Sofern sich das zu produzierende Produkt nicht unwesentlich verändert, ist die Flexibilität relativ

---

[31] Vgl. Ornau, F.: 2014, S. 40.
[32] Vgl. Ornau, F.: 2014, S. 89.
[33] Vgl. Nebl, T.: 2007, S. 565.
[34] Vgl. Ornau, F.: 2014, S. 89.

hoch. Dennoch kann es bei der Umstellung auf unterschiedliche Serien vermehrt zu Maschinen-, Planungs- und Produktionsproblemen kommen. Auch die Bestimmung der optimalen Losgröße sowie anfallende Umrüstzeiten bergen Kostennachteile. Letztendlich wirkt sich die Herstellung von Serien jedoch positiv auf die Stückkosten aus und somit auch auf den Preis des Erzeugnisses.[35] Rationalisierungseffekte durch Normung und Typung bilden Optimierungschancen. Als weitere Beispiele beim Einsatz der Serienfertigung ist noch die Automobile- und Werkzeugindustrie zu nennen.[36]

3.5 Chargenfertigung

Eine Sonderform der Sorten- und Serienfertigung und somit die dritte Zwischenform ist die Chargenfertigung. Das wesentliche Merkmal ist das Fertigungslos. Die Größe der Charge (Fertigungslos) ist begrenzt und hängt von der Kapazität des Betriebsmittels ab. Dieses Charakteristikum ist z. B. in der Chemie- und Pharmabranche anzutreffen.[37] Die Produktionsmenge von Lackierfarbe oder Kontrastmittel ist von dem Fassungsvermögen des Produktionskessels abhängig.

Einsatzstoffe verändern sich von Charge zu Charge. Dadurch sind z. B. im Produktionsablauf der Lebensmittelindustrie aufwendige Reinigungs- und Validierungsschritte notwendig. Der Produktionsprozess ist oft sehr aufwendig und komplex und dadurch sehr kostenintensiv. Dies lässt das Produktionsverfahren nicht wirklich flexibel erscheinen.

Bei der Chargenfertigung kommt es durch uneinheitliche Produktionsbedingungen zur ungewollten Produktdifferenzierung.[38] Die relativ hohen Lagerkosten sind auch zu beachten. Am Beispiel der Stahlgewinnung wird dies auch deutlich.

---

[35] Vgl. (o.V.) (1. Juni 2016), http://www.wirtschaftslexikon24.com.
[36] Vgl. Ornau, F.: 2014, S. 40.
[37] Vgl. Ornau, F.: 2014, S. 40.
[38] Vgl. (o.V.) (2. Juni 2016), http://www.wirtschaftslexikon.com.

4. Toyota Produktionssystem

Durch den Marktwandel vom Verkäufer- zum Käufermarkt rücken Aspekte der Qualität bei der Produktion von Erzeugnissen und Dienstleistungen immer stärker in den Vordergrund. Der Kunde stellt somit die Anforderung der Qualität an das erzeugte Produkt oder die angebotene Dienstleistung.[39] Doch wie wird eine ständig zu verbessernde Qualität auch in Hinblick auf zu erhaltende Wettbewerbsfähigkeit in einem Unternehmen erfolgreich umgesetzt? Hier setzten verschiedene strategische Managementkonzepte an. Im Folgenden wird hier auf eines der bekanntesten Produktions- und Organisationssysteme des 20. Jahrhunderts eingegangen. Das Kernziel von Teilaufgabe A4 ist es, die Grundphilosophie des Toyota Produktionssystems (TPS) vorzustellen. Neben der geschichtlichen Entstehung des Toyota Produktionssystems wird dabei besonders auf die relevanten Begriffe 'Just-in-Time', 'Jidoka' und 'Kaizen' eingegangen.

4.1 Entstehung des TPS

Die in den 1980er Jahren erstellte und 1992 als deutsche Ausgabe unter dem Titel *Die zweite Revolution in der Autoindustrie* erschienene MIT-Studie geht der Frage nach, wie die japanischen Firmen und insbesondere Toyota ihre Überlegenheit auf den Exportmärkten erreichen. Die MIT-Studie geht dabei auf das japanische Erfolgsgeheimnis und die wesentlichen Erfolgsfaktoren ein. Das Ergebnis ist, dass nicht irgendein einzelner Aspekt wie Entwicklung, Produktion, Vertrieb oder Verwaltung für den nachhaltigen Erfolg verantwortlich ist, sondern ein ganzeinheitliches Managementsystem. Das MIT-Team bezeichnet das System zunächst als Lean Produktion, weil der größte Teil des Betriebskapitals und der Mitarbeiter im Unternehmensbereich der Produktion angesiedelt ist. Durch die Anwendung auf andere Bereiche und Branchen ist der Begriff 'Lean Management' entstanden.[40]

Womack/Jones/Roos, die Herausgeber der Studie, bringen das Ergebnis bei Toyota wie folgt auf den Punkt: Im Vergleich zur westlichen Automobilbranche

---

[39] Vgl. Ornau, F.: 2014, S. 62.
[40] Vgl. Hof, W.: 2013, S. 9.

erreicht Toyota mit der Hälfte an Mitarbeitern eine dreimal höhere Produktivität und viermal kürzere Laufzeiten. Hier stellt sich die Frage, wie Toyota diese Produktivität erreicht. Maßgeblich ist hier das von Taijchi Ohno geprägte Toyota Produktionssystem und die später entwickelte Unternehmensphilosophie (Toyota Way) vom Toyota Motor Corp. Präsidenten Fujio Cho zu nennen.[41]

Das TPS entwickelte sich nach dem zweiten Weltkrieg, als Japan unter einer Rohstoffknappheit litt und der Bedarf an einer effizienten Fahrzeugproduktion groß war. Damals wurde der Ingenieur Taijchi Ohno damit beauftragt, die Produktivität bei Toyota zu erhöhen.[42] Ohno kombinierte dabei das Just-in-Time-Konzept mit dem Jidoka-Prinzip. Nach einem Aufenthalt in USA bei Ford im Jahre 1953 entwickelte Ohno, aus einer Idee zur kurzen Lagerhaltung, das Kanban-Konzept.[43] Dabei sind noch weitere Themenkomplexe zu nennen. Für die grundlegende Organisation der Produktionsprozesse wurden die Stakeholder (Zulieferer, Mitarbeiter, Händler, Kunden) als vollwertige Mitglieder des Unternehmens behandelt. Es gelang, Mitarbeiter ein Leben lang an das Unternehmen zu binden. Sie wurden als Kapital und nicht als Kostenfaktor gesehen. Jahrzehntelang wurden keine betriebsbedingten Kündigungen ausgesprochen. Jeder einzelne Mitarbeiter konnte zur Fehlervermeidung das Montageband anhalten. Damit wurde die Wichtigkeit der Qualität in den Prozessschritten deutlich. Die Produktion wiederum konnte übersichtlich und einfach gehalten werden, indem keine Spezialmaschinen, sondern flexible Maschinen eingesetzt wurden. Ohno verfolgt damit das Ziel, die Produktion direkt durch die Nachfrage zu steuern und somit einen schlanken Produktionsprozess zu erstellen.[44]

4.2 Grundphilosophie des TPS

Laut Ohno bildet sich die Grundphilosophie des TPS aus diesen ersten fünf Grundsätzen heraus. Dazu gehört die Synchronisation der Arbeitsschritte, durch die eine Reduktion der Verschwendung in Prozessen und damit im

---

[41] Vgl. Ornau, F.: 2014, S. 73.
[42] Vgl. Womack, P. J./Jones, T. D./Roos, D.: 1992, S. 17.
[43] Vgl. (o.V.): Toyota Material Handling Deutschland GmbH: 2010, S. 6-7.
[44] Vgl. Dahm, H. M./Haindl, C.: 2009, S. 51.

Unternehmenskreislauf erreicht wird. Arbeitsschritte werden nur vollzogen, wenn sie auch wirklich gebraucht werden. Dadurch entsteht kaum Leerlauf und eine Überproduktion wird vermieden. Ein weiterer Grundsatz ist die Standardisierung von Prozessen. Offizielle Regelungen zu Lagerung, Bereitstellung und Verarbeitung von Materialien sorgt für eine gewisse Routine in den Abläufen. Mitarbeiter haben die Möglichkeit, bei Änderungen und der Weitergabe von Neuerungen mitzuwirken, sodass alle Mitarbeiter auf dem neusten Stand sind. Es gilt: So viel Standardisierung wie möglich, soviel Variantenvielfalt wie nötig. Beim Grundsatz der Vermeidung von Fehlern hat jeder Mitarbeiter für absolute Qualität zu sorgen. Nur vollwertige Teile werden in den nächsten Produktionsprozess weitergegeben. Sensoren stoppen die Maschinen bei automatisierten Prozessen, sobald ein Fehler auftritt. Der Mitarbeiter ist für jeden einzelnen kleinen Schritt sensibilisiert. Jeder muss seinen eigenen Beitrag so gut wie möglich leisten. Der vierte Grundsatz betrifft die Verbesserung der Produktionsanlagen. Mitarbeiter sind durch fortlaufende Schulungen in der Lage, Störungen selbst zu beheben. Sie haben ein Eigeninteresse an der Vermeidung von Störungen, weil ein fehlerloser Prozess die eigene Tätigkeit angenehmer und schneller macht. Es findet eine kontinuierliche Verbesserung der Produktionsprozesse statt, die in den westlichen Industrienationen unter den Begriff ‚KVP' bekannt ist. Abschließend ist die Qualifizierung und Miteinbeziehung der Mitarbeiter zu nennen. Es wird angenommen, dass ein gut qualifizierter Mitarbeiter seine Aufgabe besser umsetzt. Potenziale können besser ausgeschöpft werden, die sich in der Wirkungskette positiv entwickeln. Der Mitarbeiter entwickelt ein besseres Verständnis für den gesamten Produktionsprozess des Automobils. Diese fünf Grundsätze beziehen den Mitarbeiter als entscheidenden Erfolgsfaktor mit ein.[45] Die Verantwortung und Wertschätzung des Mitarbeiters bildet dabei den Schlüssel zur Motivation und besseren Leistung.

4.2.1 Just-in-Time

Just-in-Time kann dem ersten Grundsatz zugeordnet werden und ist auch als eine Art Produktions- und Logistikstrategie zu verstehen. Die Zeitplanung ist

---

[45] Vgl. Dahm, H. M./Haindl, C.: 2009, S. 51-53.

dabei ein wesentliches Element des TPS. Die Produktionsaktivitäten werden nach der tatsächlichen Kundennachfrage ausgelegt, sodass im Montageablauf nur die Menge an Teilen zum Einsatz kommt, die auch tatsächlich benötigt wird. Entscheidend ist hier die genaue Synchronisierung zwischen Arbeitszyklus und Nachfrage. Hierdurch werden Lagerbestandskosten reduziert. Ein weiterer Bestandteil der Just-in-Time-Prozesse ist die Verlustphilosophie, die unter dem Begriff der ‚drei Mu's' bekannt ist. Muda beschreibt jegliche Art von Verschwendung, wie z. B. Überproduktion oder Verarbeitung und Wartezeiten. Ein unausgeglichenes Arbeitsaufkommen, was durch die Fertigungssteuerung verursacht werden kann, nennt sich Mura. Verluste welche durch Überlastung oder anstrengende Arbeit zu Sicherheits- und Qualitätsproblemen führen, sind unter dem Begriff Muri bekannt. Der Begriff Heijunka, der für das Fundament der Just-in-Time-Prozesse steht, soll diese Verlustarten beseitigen.

Just-in-Time und Heijunka bedeuten einen reibungslosen, kontinuierlichen und optimierten Arbeitsablauf. Beim TPS bedeutet dies, dass die richtigen Bauteile für die Produktion zur Verfügung stehen. Die sogenannte Kanban-Karte ist dafür ein einfaches und gut sichtbares Hilfsmittel. Sie wird beim TPS für die Bauteilabforderung verwendet. Die Kanban-Karte sorgt für eine Nachfrage gesteuerte Just-in-Time-Lieferung.[46]

Abschließend ist zu sagen, das Just-in-Time nicht als ‚genau zum richtigen Zeitpunkt' zu verstehen ist, sondern eher als ‚nicht zu spät, aber auch nicht zu früh'.

4.2.2 Jidoka

Jidoka kann als Automation mit menschlicher Note beschrieben werden. Im gesamten Produktionsprozess wird die Qualität überwacht. Die Besonderheit ist, dass jeder Mitarbeiter für die Durchführung der Qualitätskontrolle selbst verantwortlich ist, bevor das halbfertige Erzeugnis an die nächste Station übergeht. Bei erkannten Problemen, Mängeln oder Fehlern wird eine genaue Ursachenforschung betrieben, was vorübergehend auch zu einem Produktionsstopp führen kann. Eine elektronische Andon-Tafel zeigt dem Management den aktuellen Status der Fertigungslinien und damit eine

---

[46] Vgl. (o.V.): Toyota Material Handling Deutschland GmbH: 2010, S. 8-9.

festgestellte Störung an. Jeder Mitarbeiter übernimmt somit Verantwortung für die Produktionsqualität, da er selbst in den Produktionsprozess eingreifen kann. Zur weiteren Qualitätssicherung wird auf ein hohes Maß an Standardisierung gesetzt. Durch das Poka Yoke Prinzip werden durch gewisse Vorrichtungen typische Fehler am Arbeitsplatz vermieden. Allgemein verwendete Teile können mühelos von jedem Mitarbeiter gefunden und benutzt werden. Zum guten Qualitätsruf des TPS hat die Qualitätskontrolle maßgeblich beigetragen.[47]

4.2.3 Kaizen

Kaizen bedeutet die kontinuierliche, schrittweise Verbesserung der betrieblichen Abläufe, in die Führungskräfte und auch Mitarbeiter miteinbezogen werden. Als erste Prämisse steht dabei nicht der finanzielle Erfolg, sondern das ständige Streben, die Produkt- und Prozessqualität zu steigern. Mitarbeiter sollen sich mit ihrer Aufgabe identifizieren können, was wiederum zur Motivationssteigerung führen kann und sich positiv auf die Qualität der Erzeugnisse auswirkt. Vor der Einführung einer Verbesserung wird sorgfältig die Logik und der Nutzen überprüft. Dies erfolgt mit dem Konzept der ‚5 Warum Fragen'. Dadurch wird jede Verbesserung auf den Prüfstand gestellt und eine bessere Effizienz für die Umsetzung erzeugt. Daneben gibt es beim TPS auch die ‚5 S Prinzipien'. Sie erstrecken sich auf die gesamte Organisation, wie Marketing, Vertrieb, Verwaltung, Produktentwicklung und das Management. Es entsteht eine Atmosphäre des Stolzes und eine Einstellung, die ständige Verbesserung gewährleistet. Kaizen ist somit nicht nur als Prozess anzusehen, sondern als Einstellung für jedes Individuum. Im Vordergrund steht der Mensch im Unternehmenskonzept Kaizen.[48]

---

[47] Vgl. (o.V.): Toyota Material Handling Deutschland GmbH: 2010, S. 10-11.
[48] Vgl. (o.V.): Toyota Material Handling Deutschland GmbH: 2010, S. 11-12.

5. Fazit

Mit den aufgeführten Aufgaben wurde ein breites Spektrum der betrieblichen Wertschöpfung erfasst. Neben den wichtigsten Zielen der Materialwirtschaft und Logistik wurde detailliert auf mögliche Zielkonflikte eingegangen. Die hierzu aufgezeigten Lösungsansätze werden sich im Zuge der voranschreitenden Digitalisierung und Globalisierung stark weiterentwickeln. Durch die weltweite wirtschaftliche Vernetzung wird auch Global Sourcing als erfolgreiche Beschaffungsstrategie weiterhin eine wichtige Rolle spielen. Hierzu wurde aus der Praxis eine Analyse zu einem Unternehmen aus der Automobilbranche beschrieben. In der Teilaufgabe 3 wurden anhand der Mengenleistung die sogenannten Leistungstypen der Produktion definiert. Dabei lag ein besonderer Fokus auf den Kosten und der Flexibilität. Anhand von Beispielen aus der Unternehmenspraxis wurden die Produktionsprozesse verdeutlicht. Abschließend wurde mit dem Toyota Produktionssystem eines der bekanntesten Produktions- und Organisationssysteme des letzten Jahrhunderts vorgestellt. Nach wie vor bauen viele Management und Produktionssysteme darauf auf. Aufgrund der Komplexität konnte bisher nur Toyota diese Grundphilosophie perfekt und entsprechend erfolgreich umsetzen.

Zusammenfassend lässt sich sagen, dass die bearbeiteten Aufgabengebiete einen guten Einblick in die aufgeführten Aufgabenbereiche der betrieblichen Wertschöpfung bieten und als fundiertes Basiswissen verwendet werden können.

Literaturverzeichnis

Blohm, H.: Produktionswirtschaft. 4. Auflage. Berlin 2008

Dahm, H. D./Haindl, C.: Lean Management und Six Sigma. Qualität und Wirtschaftlichkeit in der Wettbewerbsstrategie. 1. Auflage. Berlin, 2009

Hartmann, H.: Modernes Einkaufsmanagement. Global Sourcing – Methodenkompetenz – Risikomanagement. 2. Auflage. Gernsbach, 2007

Hof, W.: Das Toyota Produktionssystem. 3. Auflage. Frankfurt/New York, 2013

Kluck, D./ Prill, M./ Ornau, F.: Materialwirtschaft. Studienbrief der SRH Fernhochschule Riedlingen. 6. Auflage. Riedlingen, 2014

Meffert, H./Burmann, C./Kirchgeorg, M.: Grundlagen marktorientierter Unternehmensführung Konzepte – Instrumente – Praxisbeispiele, 11. Auflage. Wiesbaden, 2012

Nebl, T.: Produktionswirtschaft. 6. Auflage, München, 2007

Ornau, F.: Produktion. Studienbrief der SRH Fernhochschule Riedlingen. 8. Auflage. Riedlingen, 2014

Schulte, G.: Material- und Logistikmanagement. 2. Auflage. München/Wien, 2001

(o.V).: Toyota Material Handling Deutschland GmbH (Hrsg.): Das Toyota Produktionssystem und seine Bedeutung für das Geschäft. 2010

Wildemann, H: Global Sourcing – Erfolg versprechende Strategieableitung. In: Blecker, T./Gemüden, H. G. (Hsrg.): Wertschöpfungsnetzwerke: Festschrift für Bernd Kaluza. Berlin 2006, S. 253-268

Womack, P. J./Jones, T. D./Roos, D.: Die zweite Revolution in der Autoindustrie. Konsequenzen aus der weltweiten Studie aus dem Massachusetts Institute of Technology. 5. Auflage. Frankfurt/New York, 1992

Internetquellenverzeichnis

(o.V.), (o.J.): http://www.daswirtschaftslexikon.com/e/chargenfertigung/ Chargenfertigung.htm (02. Juni 2016)

(o.V.), (o.J.): http://www.wirtschaftslexikon24.com/d/serienfertigung-serien produktion/serienfertigung-serienproduktion.htm (01. Juni 2016)